수레바퀴 인생

수레바퀴

인생

김인남 시집

도서출판 신정

‖작가의 말‖

오늘 하루도 행복입니다

아침 산책을 합니다. 별빛처럼 풀잎마다 이슬이 반짝이고 조용한 가운데 닭 우는 소리 꿩도 따라 우는 시골 풍경 강 따라 한참 걷다 보면 뻐꾸기도 외롭게 울고 푸른 잡초 싱싱한 냄새 물고기 여기 저기 뛰어 오르며 인사하는 강변 아침 산책, 보는 것 마다 청초한 모습 나를 즐겁게 합니다. 때로는 바람 같고 때로는 구름 같아 잡히지 않아도 느낄 수 있고 보이지 않아도 알 수 있네요.

지금 봄은 아직도 속도 모르는 눈 비 밤새도록 나를 질퍽하게 합니다. 남쪽엔 봄소식 매화 웃고 버들강아지 물오르는데 나는 아직도 찬바람에 옷깃 여밉니다. 겨울은 참 끈질겨 기다리면 님은 옵니다. 오월, 4월 마지막 밤 지나고 이렇게도 좋은 오월 새벽 조용히 밝아 오고 있네요. 떨어진 꽃잎 새순 틔우기 위해 벌,

나비와 그렇게 사랑을 나누었나 봐요. 가지마다 푸른 잎 봄비 머금고 쑥쑥 자라는 그리움의 모양이 피어나니 반짝이는 햇빛 보며 감추었던 속내 부끄러워하는 모습, 순수한 열일곱 아가씨 사랑이네요. 보기 좋아라, 푸르름 산마다 가득한 싱싱함, 새들 좋아 노래하니 하늘 흰 구름 두둥실, 오월도 제 마음을 축복해 줍니다. 주변에 꽃밭을 만들며 살아온 나날들 가슴 구석구석 메말라 버리고 아무것도 모르고 형식에 갇혀 살았지요. 빈 곳 찾아 꽃이라도 심어 볼까, 바라보면 이쁜데 수많은 꽃 어찌 심어야 할지, 떠오르지 않는 이름들, 제 마음은 바보가 되어 끙끙 되기만 했지요. 이렇게 우리 언어로 시라는 말로 지면에 남긴다는 이 일이 얼마나 감격인지 모르겠습니다. 한편으론 책임감이 깊어지고 더욱 더 책임감을 잃지 않고 나를 다듬으며 자성할 수 있는 좋은 시간을 가지고 있습니다. 젊었을 때 고생해가며 자식들 키워 출가 시키고 소일 삼아 쓰는 글로 나를 찾아오시는 분들께 나눔할 마음에 긴장이 먼저 앞섭니다.

늘 오늘인 하루하루를 즐겁게 보내고 건강하게 계속 시 쓰며 살아갔으면 합니다. 감사합니다.

오월 화창한 날에...

차례

⚠ 작가의 말 / 4

제1부 봄

매화 향기 …………………………… 14
매화 ………………………………… 15
매화 꽃 기다리며 …………………… 16
매화꽃 어디에 ……………………… 17
봄소식 ……………………………… 18
봄비 ………………………………… 19
봄이 오는 길목 ……………………… 20
복수초 ……………………………… 21
2월 가면 …………………………… 22
꽃샘추위 …………………………… 23
삼월 ………………………………… 24
벚꽃 이야기 ………………………… 25
봄비 2 ……………………………… 26
로맨스 그레이 ……………………… 27
사랑 ………………………………… 28
그리움 ……………………………… 29
봄은 오는가 ………………………… 30
봄 …………………………………… 31
봄에는 ……………………………… 32
진달래 ……………………………… 33

라일락꽃 ·················· 34
라일락 향기 ·············· 35
민들레 ···················· 36
수선화 새순 ·············· 37
괴산의 봄 ················ 38
목단 꽃 ··················· 39
하나의 보물 ············· 40
그림자 ···················· 41
봄은 활기찬 무대 ······ 42
촌물 ······················· 43
꽃피고 지고 ············· 44
당신 ······················· 45
산 ·························· 46

제2부 여름

옛정 ······················· 48
여름휴가 ················· 49
7월 어느 날 ············· 50
기쁨 그리고 외로움 ··· 51
더위 ······················· 52
웃음 ······················· 53
망상의 꿈 ················ 54
그리운 어머니 ·········· 55

이상 기후 ·················· 56
가로등 없는 밤 ············ 57
사라지는 것들 ············· 58
물이 좋아 왔건만! ········ 59
접시꽃 추억 ················ 60
팔순 잔치 ··················· 61
나이 들면 ··················· 62
참새가 이쁘다 ············· 63
잘도 간다 ··················· 64
사노라면 ····················· 65
우리 마을 ··················· 66
가로등은 외롭다 ·········· 67
자정에 눈 떠보니 ········· 68
수레바퀴 인생 ············· 69
나이 80 ······················ 70
왜가리 ······················· 71
연민 ·························· 72
은행나무 ····················· 73
기쁨을 안다 ················ 74
울려고 내가 왔나 ········ 76
거짓과 진실 ················ 77
실수 ·························· 78
오류로다 ····················· 79
어머니 마음 ················ 80
바람 부는 밤 ··············· 81

제3부 가을

우정 ················· 84
가을 안개 ············· 85
가을 향기 ············· 86
가을 사랑 ············· 87
달 밤 ················ 88
임 생각 ··············· 89
이유가 없어 ··········· 90
화내지 말아요 ········· 91
사랑의 그림자 ········· 92
몸살감기 ············· 93
외로운 밤 ············· 94
달은 밝은데 ··········· 95
가을 태우며 ··········· 96
낙엽 ················· 97
10월 달 ·············· 98
사랑하면 ············· 99
가을 밤 ·············· 100
내가 살아온 가을 ····· 101
가로등 ··············· 102
후회 ················· 103
사랑하라 ············· 104
잠 못 이루는 밤 ······ 105
만남 ················· 106

사랑하면 ………………………… 107
마지막 가을 ……………………… 108
나뭇잎 …………………………… 109
늙으면 …………………………… 110
그 사람 …………………………… 111
안타까움 ………………………… 112
소주 한잔 ………………………… 113
헤어짐 …………………………… 114
재회 ……………………………… 115
동지 밤 …………………………… 116

제4부 겨울

첫눈 ……………………………… 118
양지에 풀 자라고 ………………… 119
그리운 고향 ……………………… 120
기다리며 ………………………… 121
외로움 …………………………… 122
입동 ……………………………… 123
겨울 준비 ………………………… 124
겨울 풍경 ………………………… 125
겨울 달밤 ………………………… 126
편지 ……………………………… 127
불청객 …………………………… 128

어머니 마음 ················· 129
설중 매화 ·················· 130
세월 가고 ·················· 131
꿈속의 사랑 ················ 132
그리움은 파도처럼 ··········· 133
사랑의 소리 ················ 134
여보 당신 ·················· 135
밤 지나고 ·················· 136
밤 이야기 ·················· 137
백로 겨울나기 ·············· 138
어머니 손 ·················· 139
자갈 ······················· 140
꿩은 어디에 ················ 141
세월이 ····················· 142
사랑 2 ····················· 143
밥 푸는 여자 ··············· 144
정지고개 ··················· 145
세월 가고 ·················· 146
눈 오는 날 ················· 147
아프면 어머니가 보고 싶다 ······ 148
겨울밤 ····················· 149
카톡 ······················· 150

- 맺음의 글 / 151
- 축하메시지 **장현두** / 153
- 발행인의 말 **서평 박선해** / 154

제1부

봄

설렘, 그 따뜻한 햇살을 반기다

매화 향기

이 겨울 지나고
꽃피는 봄 오면

매
화
는
향기 듬뿍 안고 찾아와

나를 유혹 한다면
말없이
넘어 가리다

매화

상큼한 매화
향기 나는 매화
시인이 자주 노래하고
추운 겨울 이기어 피었으니
조용히 보세요
매화 향은 가까이 가야
내어줍니다

매화 꽃 기다리며

하얀 밤, 하얀 서리
솔가지에 꽃을 피워도
겨울은
정월 보름
지나고 있습니다

눈 속에 묻힌 듯
살짝 내미는 꽃눈
가냘픈 매력 마음 아려
하루하루 그저
매화나무만
바라보고 있습니다

꽃망울 터질 때
당신은 아나요
기다림의 기쁨을

매화꽃 어디에

나는 저 눈 속으로
들어가고 싶어
겨울이 눈 마을이
기다리고 있을 것 같아
눈사람도 있고
눈 아가씨도 있고
매화가 거기에 다소곳이
숨어 있을 것 같아
아련한 꽃, 매화 향기 찾아 가리라

봄소식

입춘 지나니 비가 오네
양지 바른 곳 풀 싹 돋아나
마음 새로워 살짝 살짝 웃고
한번 두 번 쳐다보면
미소로 대답
추운 겨울 이겨 내라
힘들었을 농부 마음
이제사 기지개 켜며
바라보는 눈가에
봄빛이 따뜻하다
밭고랑 마다 봄바람 넘어오니
멀리서 아지랑이 다가오고
사랑도 따라 오면 두 팔 벌려
싱싱한 가슴으로 맞으리

봄비

새싹들의 바램
봄비 기다리며
봄비 흙냄새 좋아해
텃밭에 내려왔다

밖으로 나돌던 마음 차분하다

그리움이 싹튼다
버리고 떠난 겨울 밉지 않고
봄비는 그래서 좋은가 보다
어제 심은 도라지 씨앗
봄비 기다리네

봄이 오는 길목

찬바람 밤을 밀어내고
새벽안개 걷히면
봄빛이 마당 한가득 소나무 가지마다
서로 얼굴 내밀어 인사를 한다
좋아하는 모습 따뜻한 미소에
봄기운 돋아납니다
햇빛은 나를 불러내
꽃밭을 가꾸어 보라합니다
흙을 이리 저리 뒤집는
손에 봄 냄새 묻어나 흐뭇한 마음
멀리서 임이 보고 달려와 웃어주면
봄이 묻은 손으로 덥석 안아 주리라

복수초

노란 날개를 펼치기 위해
얼마나 힘들었을까

시련도 참고 이날을 기다렸겠지

하나 둘 친구 바라보며
가냘픈 모습 서로 위로한다

햇빛 따라 반짝이는 꽃잎 아련해
앞에서 보고 있는
내가 있어 행복 하리

2월 가면

눈물 날까 겁나네요

남자 약하다 소리 들을까?

정이란 강하게 약하게

정 따라 흐르니

어디 있든 마음은 항상

매화만 보고 있지요

꽃샘추위

산은 점점 푸르고
목련 벚꽃은 이미
다 떨어 졌는데
아침으로 쌀쌀하고
영하의 날씨가 찾아온다
낮으로 따뜻한
햇빛이 있지 않은가
어렵고 시련은 있다
참아라, 찬바람 지나고
때 되면 꽃은 핀다네

삼월

지난 이월 너무 추워 바람 세차고
눈 쌓이고 매화 새순 나오려다
나 춥소 하고 들어가 새 잠자고
봄비 아니 오고 하얀 눈만 쌓여
산마다 설경이 좋구나

시간은 멈추지 않고 언 물 녹이며 삼월 일일
쌀쌀함 시샘하듯 봄비 오네

이러구 저러구 변덕 심한 것
삼월은 여자 같아 그래서 농부들
삼월이 좋아 하누나
신비한 곳 여기 저기 파헤치고 뒤집고
헤죽 히죽 웃으며 경운기 소리 힘차게 밀어부치니
삼월이 나 죽네 하고 씨앗 뿌려 자식 농사 부지런하다
삼월이 녹초 되어도 농부 끈질기게 부둥켜안고
놓아 주지 않으니 에헤라 좋을시고
농부가 부르며 풍년 일세

삼월이도 춤추고 농부도 얼씨구나
삼월이 없으면 어찌 산단 말인가

벚꽃 이야기

찬바람이 쌩하고 눈이 날리고
두 손 꼭 잡고 참았다
앞에서 뒤에서 위아래
어디서든 다투는 일 없다
하나같이 이쁘고 아름다운 모습
싸우는 일 아예 모른다
터질듯 말 듯 애틋한 봉오리 수줍기만 한데
따뜻한 기운 찾아와 속삭인다
자 이제부터 너희들은 자유다
아주 예쁜 옷으로 갈아입고 나들이 나선다
어디선가 향긋한 냄새 서로 서로
웃고 자랑하고 파란 하늘
흐르는 물소리 가득 찬 행복
그러나 시샘하는 바람
봄비는 우리를 그냥 두지 않고
하나 둘 수많은 이야기
짧았던 즐거움 남기고
어디론가 기약 없이 바람 따라 가네

봄비 2

비가 오면 조용히 빗소리 헤어본다
지붕위에 후드득 소리 정겹다
홈통을 타고 내려와
어디론가 친구 찾아 가는 빗물
서로 다투지 않고 어디든 갑니다
마당 자갈마다 골고루 뿌려주고
송사리 올갱이 비린내 향수에 젖어보고
솔잎마다 방울방울 봄을 머금고 하얗게 웃습니다
얼마 전에 심은 수선화 노란 꽃잎
향기 하나 둘 나르고 비는 텃밭이랑
넘나들며 아는 체 하니
환하게 웃는 저 모습
봄이 한가득 매화나무 향기 진한데
꽃잎 떨어질까 전전 긍긍
아쉬운 시간 추억 속으로 들어갑니다

로맨스그레이

사랑은 아무도 모르게 구름 타고
산모퉁이 돌아 오솔길 따라
하나 둘 세면서 찾아옵니다

나는 그 사랑 맞이하기 위하여
마음을 정성스럽게
가다듬고 기다리고 있지요

설레는 마음 가라앉으면
사랑은 나를 반기며 꽃을 피우지요

나이는 숫자일 뿐
누구에게나 행복은 똑같이 찾아옵니다

이제는 오솔길이 아닌
쭉 신작로 따라 앞만 보고가세요

사랑

나에겐 사랑 어울리지 않아
잊어버린 지 오래 돼
아니 느끼고 해 본적도 없어
어느 날 애틋한 미소에
조용히 다가오는 사랑
피하고 싶지 않다
맞아 보고 싶다
항상 비껴가기만 했던 사랑
이제 꽃 지고 외롭다할 때
빨간 화살 마음으로 다가 왔습니다
늦었다 외면하고 보내려했는데
부드러운 마음 매화 향기 같아
가만히 내 곁에 두었습니다

그리움

보고 싶은 마음
저녁으로 찾아와
아침까지 가네

오늘 만나 사랑하고
다음날 만나 사랑하고

만나고 헤어져
돌아 서면 아쉬움 더하고
그리움 한도 끝도 없어
이러다 아프면
버선발로 와 줄라나!

봄은 오는가

남녘에는 봄소식 따뜻해
산수유 물결 이룬 노란색 아름다워
매화 향기 여기 저기 퍼지면
진달래 따라 피고
울타리 마다 개나리꽃 완연한 봄일세

봄비는 여기도 정답게 내려주고
괴산 우리 마을 매화는 언제 피려나
늦어도 봄은 오고
기다리는 꽃가지 마음 조려합니다

봄

이산 저산 해마다
진달래 찾아오면
봄이 시작 되고
새 생명들 파릇파릇
솟아 나누나
매화꽃 벌 날아와
시간 가는 줄 모르고
수선화 활짝 피었는데
임 찾아 떠나 볼까

봄에는

향기 가득한 수선화
활짝 웃고
정자 옆 매화
빙긋이 웃네
새싹 돋아나는 가지마다
서로 바라보며
따뜻한 인사 바쁘다
봄은 모두가
그리워하는 만남 좋아하고
봄 햇살 시샘 하듯
주변에서 놀고 있습니다

진달래

선산에서 캐다 심은 진달래
어머니가 좋아하시던 꽃이다
두 그루 상전 모시듯 힘들게 가져와
바위틈에서 자랐기에
축대 사이에 심은 지 4년
해마다 피기는 했지만
상태가 안 좋아 어쩌나 했는데
금년에는 진하다 못해
보랏빛처럼 너무 곱다
바라볼 적마다 어머니 생각한다
쪽진 머리 은비녀 꽂고
바느질 하시는 그 모습, 지금이라도

"막내야 무릎 베고 자고 싶으면 이리 오너라"

하실 것 같다

"어머니 저 팔순이에요"
"어머니 꼭 한번 업어 드리는 것이 소원이었는데…"

진달래 봄바람 맞으며 환하게 미소 짓는다

라일락꽃

라일락 향기 소리 없이
퍼져 나에게 오면
한걸음에 달려가 눈을 감으며
두 손으로 살짝 감싸고
겨우내 만들어낸
귀한 향기 미소로
받아 인사를 나눈다
보랏빛 부드러움
고개 숙인 저 모습
따사한 햇빛 바람에
실려와 앉아 놀고
건너편 키 큰 은행나무
부러운 눈으로 쳐다보네
참새들 봄 왔다고
여기저기서 재잘 걸이고
벌 나비 뒤질세라
분주히 날아듭니다
라일락 꽃 향기
사랑하는 임에게 한 보따리 보내리

라일락 향기

화려한 꽃은 아니라도
보랏빛 향기는
은은하게 멀리 간다
아가씨 하얀 목덜미처럼
입 맞추고 싶은 충동을 준다
다시 태어나면
라일락 향기 품은
여인을 사랑하리

민들레

요즈음 한창 바쁘다네
솔바람 따라 홀씨 나르고
오죽하면 밤에도
달빛 빌려 떠나보내리
없는 게 죄인가
흙 몇 조각 있으면
다행이다 싶으니 욕심도 없어라
돌 틈이든 가로등 밑이든
바람만 있으면 보내려는
그 마음 얼마나 아프랴
제대로 얼굴 한번 못보고
알뜰히 품어보지 못하고
보내야하는 민들레
그래도 쇠뜨기, 제비꽃, 크로바
모두가 부러워 한다네
멀리가도 굳세게 살기 바라는
민들레 마음 뉘 알리오

수선화 새순

하나 둘 고개를 내미는
저 모습 한줌 햇빛 얼마나 그리웠을까
아직 때 묻지 않은 하얀 목덜미 스치는
봄바람에 움찔 하지만
신기한 듯 하늘 쳐다보고
수줍은 듯 하는 수선화 가냘픈 허리
임을 닮아 예쁘기도 해라
봄비 맞으며 꽃피울 그날
질투 많은 노랑일까
사랑 많은 빨강일까
순하고 순한 하얀 색일까
수선화야 이왕이면 연분홍으로
피어 나에게 오렴
매일 듬뿍 사랑하리

괴산의 봄

춘분 지나 봄이 왔는데
봄은 안보여
아래 역에는
꽃도 피었다는데
괴산에는 찬바람만
창문 두드리고
산 넘기 힘들어하는
봄소식 마중 나가 업고 오리라

목단 꽃

목단 꽃 너무 탐스러워
마음 한가득 담아 두었읍니다
꽃마다 벌 들이 시간 가는 줄 모르고
들락날락 꽃들은
즐거운 신음 어쩔 줄 몰라 합니다
벌 나비 떠나고
쉬려하니 달빛 찾아와
조용히 감싸며
수고 많았다 속삭여줍니다
시간은 강물 따라 흐르고
따뜻한 햇빛 이슬 먹은 꽃잎
흔들어 깨웁니다
부지런한 벌 벌써 찾아와
놀자하니 나른한 몸
기지개 펴며 반깁니다
화려함 쉴 날 없어
세월 가는 줄 모릅니다

하나의 보물

깡패 같은 힘센 마음

어디로 가고 소녀 같은 여린 마음

가까이 있어 나이는 훨훨 날아

서산 넘어가니 내 몸이 너무 가벼워

껍질뿐인 내 인생 이제 남은 건

사랑 하나 뿐 고이 가슴에 품고

깨질세라 보물처럼 안고 간다

그림자

가진 것 없이 태어나
살다보니 욕심도 없어
세월이 그렇게 흘러도
변함없는 내 친구
슬플 때도 외로울 때도
항상 옆에서 지켜 주었지
밤이면 혼자 여행 떠났다가
아침이면 희망 가지고 오는 내 그림자
내 비밀도 말하지 않는
둘도 없는 친구라네
어언 강산도 여덟 번 지나니
구석구석 주름살
머리 하얀 할아버지라네
너는 어찌 그대로인가
불로 장생법 아르켜 주려므나
내 친구여!

봄은 활기찬 무대

가지마다 동글동글 하늘 쳐다본다 눈길 마주하면 서로 서로 봐 달라하네 그래 조금만 기다려 메마른 흙에 물을 흠뻑 주면 생글생글 한다 하루 이틀 지나니 화려한 조명 받으며 파란 옷 갈아입고 배시시 유혹 하네 아직은 너무 어려 눈길 한번 주고 쓰담고 간다 따뜻한 햇빛 날마다 마당 한가득 하나 둘 피어나는 냉이 노란 민들레 이름 모를 들꽃 텃밭은 봄으로 채워지고 앵두나무 가지마다 꽃 춤으로 뽐내고 연분홍 진달래 나 여깃소 하며 활짝 웃으며 쳐다본다 성질 급한 벚꽃 어떻게나 빠른지 한 번에 수만 송이 하얀 드레스 펼치며 합창하는 소리 귀가 먹먹하네 마른 잔디 펴놓고 손님 기다리는데 관중은 나 하나 지나는 까치 한 쌍 잠시 머물며 나도 있소 하니 참새 가족 한 무리 조잘 조잘 이제사 만원 관중 화창한 봄날 흠뻑 즐겨본다

촌물

괴산은 사방팔방 산이다
골짜기 마다 흐르는 물소리 소나무 바람소리
새소리 뒤로하고 모이고 모여 달천강 맑은 물 되었네
고동 피라미 지나며 놀자하네
여기 주인은 자기라며 방을 내 주는데 땀 냄새뿐
그래도 인정 처음 느끼는 고마움
흐르는 친구 따라 강남 가듯
자갈 밀어내며 구비 구비 갑니다
남한강 충주 넓고 깊은 곳에도 가보고 싶은데
촌에서 왔다고 자꾸 옆으로 밀어 냅니다
낯가림 당해도 지나는 강바람
손 흔들고 미소 지으니 좋구나
여주 이천 도자기 풍류 따라
세월도 흐르고 양평 팔당 지나니
롯데 월드 빌딩이 555미터에서 쳐다보고
이러구 저러구 볼 것 많은데 받아주는 친구 없네
깊은 곳은 저희끼리 흐르고 시골 촌물은
쓰레기와 더불어 인천에 도달하니
괄세하던 깊은 물은 온데간데없고
넓은 바다가 받아 주었다네

꽃피고 지고

접시꽃 떨어지고
나리꽃 피었구나
떨어진 꽃잎마다
그리운 향기 있어
하
얀
눈
내려
쌓이면
하나씩 펼쳐보리

당신

꽃이 초라하다니
말이 안되요
보살핌 없으면
꽃들도 보잘 것 없어요
바라보지 않으면
제아무리 이뻐도
소용없어요
옆에서 보고 이쁘다 해야
이쁜 것이죠
꽃 중에 꽃은
당신입니다
많은 꽃을 사랑하니까

산

나는 욕심이 많다네
무엇이든 다 가지려고 해
내 마음대로 못하는 것 하나 있으니
산이다, 너무 아름다워
어쩌지 못하고 바라만 본다
산에는 시원한 바람
구름과 더불어 이야기 나누니
보기 좋아 봄이면
진달래 철쭉 심지어
새소리까지 만들고
산은 있는 그대로
보아야 하는데
가지고 가려 합니다
큰 산 작은 산 잘 어울려
가을엔 산만 바라보고
세상을 잊어봅니다
눈 내리는 겨울 그 또한 멋져
산 없인 난 못살아 산은 그 자리에서
지금도 나를 보며 욕심 버리라합니다

제2부

여름

한 밤, 별빛이 아름다운 날이었네

옛정

지금이 더 보고 싶고
어디 가든 잊을 수 없어
안보면
섭
섭
해
꼭 보고 싶은 마음
기다리고 기다리면
찾아 올 것 같은 옛정

여름휴가

산은 숲으로 둘러싸여
빈틈없이 푸르름 자랑하고 있습니다
우리 마당 잔디 서로 영토 확장에
와글와글 소나무 제멋대로 삐죽 삐죽
전지 해 달라 야단입니다
막바지 중복 말복 더위
사람들은 어디론가
가버리고 마을이 텅 비었습니다
계곡마다 사람으로 오고 가고
한줄기 소낙비 시원한 물소리 요란하다
임 떠난 빈자리 마음은 아프지만
정으로 보냈습니다
무더위는 매미 울음소리가 가져가고
외로움은 달빛이 가져가네

7월 어느 날

토닥토닥 내리는 비
그리움 불러오고
천둥 번개 치는 밤이면
당신 생각으로 가슴 아파합니다
사랑은 기쁨을 주지만
잠시 헤어짐은 안타까움 가져와
참고 기다림은 님을 바라는 마음
그대는 마른 가슴에 단비입니다
때로는 슬픔 기쁨 찾아 와도
비 멈추고 예쁜 무지개 아름답습니다
시간은 바쁘게 흘러 나이 드니
서글픔 밀려와 아쉽구나

기쁨 그리고 외로움

항상 좋은 일 생겨나면 얼마나 좋을까

시간 흐르면 꼭 평행선처럼 슬픔 따라와
오고 가는 세월 기쁨도 슬픔도 같이 가지

가을 하늘 높으면 찬바람에 낙엽 하나 둘 떨어지고
마음 외로울 땐 이야기 나눌 임이라도 찾아오련만

겨울 찾아와 하얀 눈 골목마다 뿌려 주면
창밖에 슬픔과 기쁨 맞아 들여 하나씩 풀어보렵니다

더위

숨 막힐 듯 더위는
내 옆에서 떠날 줄 모르고
어디든 따라와
친한 척 하니 속상해
바람에 물어보니 냅두라네
모른 척 가만히
매미 소리 듣노라면
제풀에 지쳐 간다한다
삼복에 느티나무 그늘
부채 하나 더 바랄 것 있나

웃음

웃음이란 참 좋아
자기를 표현하는 첫 번째
이 세상에서 가장 큰 선물은
웃음이 있다는 것
웃음이 없었다면
살아갈 수 없을 거야
마음을 편안하게
근심 걱정도 잊게 해줘

"웃으세요."

좋은 인연 행복 함께 하고
내 멋진 웃음 당신께 보낸다

망상의 꿈

오른편엔 마누라 자고
왼편엔 앳띤 젊은 여인
내 마음 두근두근 보드라운 살
풍선처럼 부풀어 오르고
이상해지고 이러면 안되
큰일이다
나는 속으로 외친다
꿈이다 꿈이기를
안통한다, 아뿔사!
내 품엔
죽부인이 안겨있다

그리운 어머니

어머니가 말했지요, 아프지 말고 살라고
이웃하고 친하게 지내야 한다고
웃으며 인사하고 살라하고
비굴하지 않고 겸손하라 했지요
거짓말 안하고 산다는 것은
참으로 힘들지요, 외롭고 아프면
어머니생각하며 그리워합니다

이상 기후

금년 봄은 참 이상해
추위 계속 되다
갑자기 오월 기온
봉오리 가지고 기다리던
진달래 개나리 목련 벗꽃
심지어 봄의 전령 매화까지도
같이 피는 것은
내 생전에 처음 있는 일이예요
이상하지 않아요
난리 법석 요란 떨고
꽃구경도 없이 가버린 봄
이런 날씨 완전 탄핵해야 돼
오월 한 달 한창 봄이요
여름 날씨일쎄

가로등 없는 밤

습관처럼 밤 두시쯤 일어나
마른입 물 한잔 밖을 보니 캄캄하다
며칠 전 천둥번개 지나던 밤
가로등 불빛도 가버렸다
며칠은 그럭저럭 이것저것
고민 않고 잠을 청하고
밖을 보면 항상 기다리던
라일락, 소나무, 사과나무
한그루 아무것도 안보인다
그들도 때로는 깊은 잠을 자나보다
캄캄한 밤도 하루 이틀 지나니
빛이 그립고 가로등 고쳐 달라
전화 한지 여러 날 되었네

사라지는 것들

눈이 많이 와도 봄은 찾아오고 새싹 하나 둘 피어나면 푸른 산이 되겠지 꽃도 피면 벌 나비 날아들고 여기 저기 새 소리 얼마나 아름다운가 매일 바라보는 군자산 앞으로 옆으로 작은 산들 그 모습 그대로 있는데 십년 전에 울던 그 많은 새들 어디에 가끔씩 슬프게 울던 뻐꾸기도 안보인다 밤이면 시끄럽게 울던 귀뚜라미 따라 우는 벌레들 하나도 없어 강아지 닭도 안 울어 밤은 조용하기만 해 종달새는 없어진지 오래됐고 졸졸 흐르는 물 위를 할미새 몇 마리 날고 많이 찾아오던 청둥오리도 수십 마리뿐 며칠 머물다 간 자리 백로 한두 마리 지키고 물가를 찾아 물속을 본다 많던 물고기보이지 않고 찾을 수 없는 자연의 숨소리 변하는 속에 나도 늙어 산은 푸른데 움직이는 것이 없구나 요즈음 참새조차 귀한 존재십년 후에는 또 어떻게 변할까

물이 좋아 왔건만!

나는 물을 좋아합니다
물 찾아 여기 온지 십년이 지났고
고향이 되버렸읍니다
아침마다 물 따라 산책하는 나에게
건강도 주고계절마다 숨쉬는
자연을 안겨주니 나에겐 모두가 사랑이다
가뭄에 물 부족이라 하지만
우리 마을 개울에는 새들도 많이 찾아온다
터줏대감 백로, 왜가리, 원앙새는 항시 노닐고
한겨울에는 청둥오리
백여 마리 넘게 찾아오고
할미새 딱새 볼 수 있으니 얼마나 좋은가
흐르는 물은 있는데 물고기가 없으니
수달 가족도 몇 년 전에 사라졌고
놀던 바위만 덩그러니 쓸쓸하다
나는 흐르는 물 바라보며 시간 가는 줄 모른다

접시꽃 추억

군자산 앞 접시꽃 너무 아름다워
자주 가서 보았습니다
걸어서 가고 자전거 타고 가고
차 타고 가고 혼자 가고
둘이 다정하게 가고
늦가을에 씨 받으러 가는 중
오토바이 사고가 났습니다
두 달 동안 너무 아팠습니다
얼굴부터 다리까지
피가 나고 찢어져 수술도 했어요
아픔도 가시고 해가 바뀌어 가을 찾아왔어요
있어야 할 접시꽃 없어졌네요
너무 아쉬워 눈물이 납니다

팔순 잔치

그녀가 팔순 잔치를 합니다 십년을 같이 운동하며 많이 가깝게 지냈습니다 나는 운동을 좋아하고 다른 사람보다는 잘하는 편입니다 그녀도 제법 잘해서 같이 운동하는 시간이 많았으며 때때로 다툼도 있었지만 강한 그녀도 돌아서면 다 잊어버리려 뒤끝이 없습니다 그녀 혼자 사는 팔순녀집에 가보면 입구부터 다래터널이 차고로 쓸 정도로 잘 다듬어져 있습니다 여기저기 꽃들이 사람들을 즐겁게 맞이하고 데크를 지나 현관문을 열면 *입춘대길*이 기다리고 바로 거실입니다 거실에는 온갖 화초가 어서 오라고 인사하니 팔순인 그녀를 안 좋아 할 수 없습니다 커피 한잔에 그리움 담아 난초향기 그윽해 돌아서는 발길 떨어지지 않네요 아들 셋 두었으니 며느리 셋 하나같이 효자요 효부로다 팔순 잔치 온 동네가 시끌벅적 부러워하네요 둘째며느리 자꾸 우네요 막내며느리 따라 울고 첫째며느리 둘째 손잡고 우네요 나는 술잔 들고 슬퍼하고 팔순 그녀는 덩실덩실 오늘따라 예뻐 보일까요 하나 둘 손님 간 자리 빈 술병 유정천리 떠나가네요 팔순녀는 아프다네요 그녀에게 힘을 주세요 이제 행복 시작인데 봄바람이 팔순녀 가슴에 남아 있습니다 이겨내기 바랍니다

나이 들면

조용한 아침
풀벌레 우는 소리도 안 들려
강가엔 버드나무
파랗게 봄을 알리고
앞산 어디서 왔는지
딱따구리 딱 딱 딱
집 짓는 소리 마음 두드려
옛 생각 깨우네
아름다운 것 하나 없고
슬픈 것만 떠오르네
살아온 세월 고달팠구나
후회하고 반성하고
하나둘 잊어 가며
이제는 아무 욕심도 없어라
걷다 보면 다리 피곤해
잠시 쉬어가는 내가 되었다

참새가 이쁘다

은행나무가 있고 옆에는 누워 있는
아카시아 가지마다 잡풀이 뒤엉켜 풀숲을
이루며 참새들이 무리지어 살고 있다
2월 3월 메마른 풀씨가 겨우 배고픔을 달래준다
나는 싸래기 한 자루 참새들에게
아침저녁 한줌씩 뿌려주기 시작했다
일곱 여덟 마리 날아와 먹고 간다
며칠 지나니 열 마리 한 달 지날 쯤
어디서 왔는지 이십여 마리
참새는 나를 알아볼까 이쁘기도 해라

잘도 간다

시간 참 빠르다
어제가 오늘
오늘은 어제 같고
계묘년 하며 1월 달력 보고
돌아서니 2월 이라
3월 1일 104번째 삼일절
어제 지나고 이게 어찌된 일인가
계산을 해봐도 안 맞아
빠르다 빠르다 이렇게 빠른 것
생각도 못 했네
내가 지금 무얼 타고
여행 하고 있는지
그나마 사랑이 없다면
나이 타령만 하겠지
아이구! 어지럽네 어지러워

사노라면

애쓰지마 졸리면 자면 되지
두려울 것도 없다
가진 것 없어도 초조하지 않아
어느 골목 들어서니 앞이 없어
돌아 나오려니 눈이 어두워 어쩌지
친구도 다가고 나를 위로할 아무것도 없다
하얀 머릿속에 하얀 생각
소리 질러 보고 싶어도
나오지 않는 목소리
답답함에 마구 뒹굴다
깨어나 한숨 쉬며
뒤돌아보는 내 모습
어머니 있으면 좋겠네
팔순 지나니 사는 것 조금은 알겠네요
밤마다 서너 번 깨어
지난 설움 하나 하나 생각하며
어머니와 이야기 나눕니다

우리 마을

마을 입구에 키 큰 은행나무
보기 좋아 오고 가고
언제나 마음 즐겁게 해
한 여름엔 시원한 바람
마을이 원두막이 된다
군자산 계곡물 마을
감싸고 흐르니 좋을시고
밤이면 별이 한가득
달빛도 깨끗해라
시골 풍경
세월 지나도 변함없으니
도시 양반 놀러 오시오

가로등은 외롭다

커텐을 올리고 창밖을 바라본다
가로등 불빛에 마당 자갈이
겨울비 맞고 반짝 나를 쳐다본다
지나는 아무것도 없는데
밤마다 오래 쳐다보면
누군가 지나가겠지
십년 세월 가고
기다리는 마음 변함없는데
가로등이 내 마음
이러다 정말
오는 이 없으면
허전함 어찌 하리오

자정에 눈 떠보니

동지 지난 지 열다섯 날
어머니 하신 말씀
해가 노루 꼬리만큼 길어진다고
서산에 해지면 어느새 밤 찾아와
한잠 자고 나도 자정일세
창밖 외등 밝은데
벚나무 주목나무 소나무 외롭다
자려 애써 보지만
오지 않는 잠 잠시 벽시계에 맡겨두고
생각에 젖어 보지만
어찌 이다지 아픈 일들이 많은지
부끄러운 날들 잠 못 들게 하네

수레바퀴 인생

자갈 밭 흙 언덕 어디든 굴러 왔다 피난 길 어디 간들 좋을 수 있나 안전하고 빠른 길 철로 길 수원 비행장 지나며 철수한 빈 공간 비참한 전쟁의 한모서리 쓰레기만 여기 저기 미군들이 버리고 간 통조림 가져다 피난길 주식으로 아끼며 먹던 생각 지금도 생생해 고개 넘고 산 넘고 걸어서 가는 8살 피난길 아무것도 모르지만 등에는 가장 귀한 쌀 한말 지고 간다 냉이죽에 쌀 몇 알 풀어먹고 먹는 모든 것 물이로다 힘들고 고생이 되어도 어머니 하라는 대로 했으니 어머니 가슴은 얼마나 아팠으리 나는 울지 않았다 먹는 것이 제일이라는 걸 알았지 아끼고 절약하는 것이 내 몸에 파고들어 아픔으로 남았다 내 등에 쌀 한말은 7식구가 한 달은 견뎠으리 세월은 75년 흘러 지난 이야기 하면 믿을 사람 하나 없어 모든 피난민은 일을 할 수 있다면 밤낮 가리지 않고 일이 행복이라 했다 지금은 이렇게 건강하게 살고 있으니 고생이 가져다 준 선물이지 그 아픈 그 세월 수레바퀴처럼

나이 80

젊은 근력 어디가고
주름 근력만 있나
매일 걸으니
몸은 가벼워져
누가 붙잡는 이 없으니
자유스러워
텅빈 가슴
껍데기만 남아
다만 근력 없어
기력 없을 뿐
흐른 세월 아쉬워
차근차근 천천히
쉬엄쉬엄 가세나

왜가리

백로는 하얀색 왜가리는 회색입니다
이름이 왜가리라 외로운가봅니다
백로 무리지어 노는 모습 쳐다보며
언제나 혼자 백로 주위 맴돌며
살아야 하는 저 운명은 왜 일까
제대로 짝 한번 만나지 못하고
참으로 불쌍해 십년 세월 흘러도
그 자리에 한 놈뿐 그저 백로 들러리
어쩌다 보이는 흰색에 회색 섞인 백로 있어
제 새끼인양 바라보는
왜가리 안타까운 고독의 신사라네

연민

자기가 좋아하는 곳이라면
어디든 데리고 간다
맛있는 음식도 따라 먹으며
자기 추억 속에
나를 가두어 버리고
소유해야 하는 사랑
나에게 다 건네주는 마음
모든 정성 보금자리에
따스함이 깃들고
흰머리 가을바람에 날리면
나이를 안고 사라지는 세월도
잠시 머물고
지금 나는 멋진 꿈을 꾸며
11월 긴 밤 속에
후회 없는 나를 찾아 간다

은행나무

봄부터 정열을 다해 꽃 피우고
가을엔 멋지게 떠난다

가지마다 쓸쓸히
겨울을 맞이한다 해도

"나는 너희들 사랑합니다."

언제나 가져다주는
희망이 있어

갈피마다 노란 단풍잎
옛 생각 끄집어내
하나 둘 친구 생각하며
동지 긴 밤 서럽지 않네

기쁨을 안다

어쩌다 늦잠자면 안되지 서둘러 봅니다 안개 자욱한 쌀쌀한 날씨 나이 들면 떨림도 심해 속옷부터 단단히 기분 좋게 차려 입고마음의 준비를 합니다 오랫동안 시합에 출전 했지만 우승한번 못하고 씁쓸했던 날들이 한번은 하고야만다는 생각을 더 부추켰습니다 게이트볼이라는 것은 어르신들이 많이 하는 운동으로 잘하고 못하고를 떠나서 친목의 의미가 많다고 봅니다 잘하는 사람들도 있지만 경기는 그날에 운이 좌우하는 일이 많은 운동 이다 오늘도 참석하고 일찍 끝나고 오자는 편안한 마음으로 시합을 시작 첫 게임을 많은 점수 차로 이겼습니다 세 팀 중에 두 팀이 결선리그에 오른다니 희망이 좀 보이는 듯한 느낌 그러나 두 번째 시합은 엉망이다 강팀이라고 느껴졌습니다 그러나 용케도 결선리그에 올라 추첨한 결과 운이 따르기 시작 첫 게임은 부전승 앞으로 한 게임만 이기면 3위라는 희망이 용기를 불러 왔습니다 어! 그런데 게임을 이겼습니다 준결승이 기다리고 있었으며 마음이 조금씩 흥분하는데 그래 3위는 확보됐으니 그것만으로도 우리는 다행이라는 마음으로 준결승을 끝

냈을 때 나는 놀래고 말았습니다 입술이 마르고 갈증이 몰려와 물을 한없이 마셨으며 내 마음은 어디를 헤매이고 있는지 모르고 목소리만 높아지고 있었습니다 우리가 결승에 오르다니 십년 만에 처음이다 만난 팀은 예선전에서우리를 비참하게 만든 그 팀 아이고! 우리 운은 여기까지구나 벼랑에 서있는 느낌 그런데 마음 한구석에 오기라는 놈이 꿈틀대기 시작했습니다 그래 해보자 내 목소리는 점점 커지고 상대팀 한사람이 계속 1게이트를 통과하지 못하는 것이 우리에게 행운이 따르며 드디어 우승을 하게 되었으며 맑은 가을 하늘 아래 기쁨을 안았습니다.

울려고 내가 왔나

아프다는 말 그로부터 들은 적 없고 지금도 꼿꼿한 허리 이리 저리 움직이며 고추를 잘도 빻는 멋쟁이 형님 게이트 볼 칠 때면 정성을 다하는 모습 딱! 잘도 맞추는 형님 안 맞으면 망할 놈 하며 웃는다 그가 구순이라며 마을 사람 부르고 게이트 볼 회원 오라하니 시끌벅적 식당은 요란한 구순잔치 아들 며느리 손자 손녀 증손자 케익에 촛불 켜고 생일 축하 노래 퍼지니 갑자기 분위기 숙연해 지네 큰 아들이 하는 말 "아버님 노래하세요." 울려고 내가 왔나 반주가 구성지게 나오고 노래가 시작되니 얼마 안 있어 목이 메이더니 구순의 눈에 눈물이 흐른다 아들이 울고 딸이 울고 며느리 울고 손자 따라 우니 내 눈에도 눈물 하객 안 우는 사람 없네 즐거워서 우나 슬퍼서 우나 설한풍 다 격은 구순 손자 안고 우네 나도 팔순 지나 구순으로 가는데 즐거워서 슬퍼서 못 가겠네 구순 형님 나에게 하는 말 내 친구 다 가고 나만 남았어 갈 곳 없고 찾아올 친구 없어 아! 그렇구나 나도 동창 친구 넷 있었지 며칠 전 마지막으로 가고 나만 남았네 동병상련인가 너무 허전해 구순 형님과 술 한 잔 해야 겠네

거짓과 진실

요즘 사회 돌아가는 것을 봤을 때
5판 3선승 게임이라면 거짓이 2선승한 느낌입니다
허나 역사적으로 선현들의 판단을 봤을 때 거짓이나
사기가 진실을 이긴 예는 없었다는 것
앞으로 1승을 더하면 거짓이 완승을 하게 되는데
여러분은 거짓이 이길 것이라 믿습니까
유례없는 어느 지역사람은 그렇게 생각하겠지요
그러나 진실도 한번쯤은 이기지 않을까 합니다
한번은 두 번이긴 거짓보다 진실이니까요
그 한번으로 게임은 끝나지 않았나 봅니다
교도소는 두 번 이긴 거짓이 가게 되겠지요
바른 사회가 되기 원합니다

실수

얼굴이 긴장되고 화끈되고
어찌할 바 모른다
실수가 경험이지
누구나 다 거치는 과정
몸이 움츠러들고
등엔 식은땀, 나이도 어쩔 수 없어
살다보면 실수 안하는 사람 없지
실수 속에 사는 것을
잘하게 되는 그날까지

오류로다

이름 있는 시인은
책상에 앉아서
시를 쓰고
어떤 사람은
화장실에서
시를 써야 좋다 하고
어느 누구는 여행을
하며 쓰고
산에서 쓰고
바닷가 해변 파도를
봐야 시를 쓰고
사랑하는 사람 옆에서 달콤하게
쓰는 시인도 있으려니
그런데 나는 뭔가
누워서 쓰니
천하에 게으름뱅이
될게 하나 없는
넘지 못하는 오류로다

어머니 마음

하늘엔 흰 구름 다정도 해라

들엔 벼들이 따가운 햇살에 고개 숙이고
아파도 잘 참고 슬픈 일 잘 이겨 내고
출가해 자기 일 다 하는
너희들 얼마나 고마운지
매일 걱정으로 하루가 길었단다

잘 지내는 모습 얼마나 고마운지
아들딸에게 줄
참깨 들깨 고추 갈무리 하며
추석 기다리는 어머니
포근하고 넉넉하다

바람 부는 밤

나뭇가지 흔들림
낙엽 재촉 하고
가로등 불빛 외롭다
바람소리 거칠어지니
나이든 내 허리
가슴 붙들고
왜 이리 허전 할까
바람은 더욱 소리 내며
심술궂은데
나 부르는 소리
가만히 들으니 임이로다
마음 열고 반기고
품속으로 들어가
그리운 잠에 빠져 듭니다

제 3부

가을

자화상, 수확을 반추하다

우정

말하고
듣고
손잡고
눈으로 정 나누고
그러면서 깊어가는
우리
이
야
기

가을 안개

가을로 접어드니
점점 쓸쓸한 마음

온 길도 안개가 가로막고
가야할 길도 안개뿐이고

까치우는 소리 따라 가면
반가운 사람 기다려 주겠지

가을 향기

가을 냄새
내 몸에 착 달라붙어
떠날 줄 모르니
국화 향기 좋아라
오랜만에 찾아온 이 즐거움
바람이 가져갈까 두려워
시집에 담아 두었다
동지섣달 긴긴밤
하나하나 꺼내어 펼치면
그때 거기에 내가 있었노라

가을 사랑

임 생각 하면 나는 보고 싶어집니다
그게 사랑인가 안타까운 마음
허전한 마음 아쉬움이 쌓일 때
정은 깊어지고 가을 햇빛 가슴으로
파고들어 정열을 태웁니다

벼들은 하나같이 서로 안고 밀어를 즐길 때
허수아비도 못 본 척 고개 숙여 주는
한낮의 들판

그래도 바람은 슬쩍 엿보고 미소 지우며
그냥 지나니 그 또한 행복이요
짜릿 짜릿 옅은 신음소리
개울 물소리 따라 흘러갑니다

가을은 마음을 여는 신비한 열쇠
옷깃 여미는 여자의 떨리는 손
창문 열리며 밀려들어오는
가을 냄새 흠뻑 젖어봅니다

달 밤

나는 때때로 달빛 되어
황해도 재령강변 뚝 길 걸어
우리 집 찾아간다
아직도 남아 있을 우물 쳐다보며
고무신으로 잡아온 미꾸라지
우물 안에 넣었지
70년 추위와 외로움 이겨내다
지금은 우물 안개 되어
강물 찾아 갔으리 안타까운 마음
새벽 별 함께 하면 나를 맞이한
달맞이 꽃 힘내라고 함박 웃습니다
방에 들어와 누우면
달빛 한가득 따라와
위로하고 밤은 이렇게
피난민 한숨 이불자락에 매어놓고
한을 달래봅니다
내일 달밤은
어머니와 함께 간다면 좋겠습니다

임 생각

외로운 밤 생각 할수록
마음은 허전합니다
볼 수 없다는 것은
얼마나 슬픈 것인지
떠난 후에 아파합니다
아침 찾아와 산책길 나서 보지만
흐르는 강물은 보이지 않고
귀에 들리는 그리운 말 뿐입니다
코스모스 바람에 한들대며
춤을 추어도 좋은줄 모르고
기다리는 마음 간절할 줄
정말 몰랐습니다
오실 때 좋아하는 장미 한 송이면
그간에 미움 다 풀어 드리리

이유가 없어

누워 있으면
당신의 숨소리
잊을 수 없어
심호흡 운동하며
오늘 하루도 지나갑니다
당신 부르면
달려 올 것 같은 착각
그리운 모습
바로 내 사랑입니다

화내지 말아요

꽃들도 화나면 무섭다
세상에 화 안내는 것 없다
조용히 흐르는 물
팔랑 춤을 추는 불꽃
공자는 이름이
화 안 나는 것 같은데
나이 들면 머리에서
화가 들락날락
허지만 표현은 힘이
모자라 그러다갑니다
꽃잎 떨어진 꽃대
자꾸 쳐다보면
화나 나를 봅니다
아름다울 때 그렇게
가까이 보며 웃더니
그래요, 모두가 화가 있어요
요즘엔 종소리 안 들려요
때로는 화를 잠재우기도 했는데

사랑의 그림자

비구름 밀려오고 시원한 바람도 따라와 순간에 없어져 버린 이야기 허전한 침묵만 있구나 행복도 같이 가버리고 가로등 불빛 외로워 이럴 때 다가오는 꽃집 사랑의 그림자 비 오면 방방 좋아하는 이 꽃 저 꽃들 바람에 꽃잎 날려도 하나는 서쪽으로 하나는 남쪽으로 바람 따라 갑니다 시원한 비바람 빗물 얼굴 닿으면 웃으며 행복해 하는 모습 사랑은 언제나 따라와 속삭여 주지요 분홍색 꽃잎 통통하게 살이 쪘네요 벌 나비 찾아와 속삭이면 저절로 꽃잎 벌어져 좋아 하지요 이제 조용히 감싸고 행복하다 하면 기쁨 안고 잠이 듭니다

몸살감기

욕심과 무리가 가져온 이 아픈 결과
아직도 못 깨닫고 이 결과 뉘우칩니다
반성도 합니다 또 각오합니다
욕심 내지 않기로 나 자신에 나 아는
모든 사람에게 무리와 욕심 결과는
처참 하다는 것을
그리고 자신에 미안하고
사랑하는 이에게 잘못 했다고
생활에 욕심내고
싶은 게 얼마나 많은 가요
항상 느끼면서도 고치지 못했으니
나는 의지가 약한가
이번에 절실히 깨달았습니다
좋은 것일수록 과하지 말라고 힘을 주세요

외로운 밤

가로등 불빛 환한데 소나무 외롭다
찬바람 잠시 머물다 가면
별빛 찾아 와 하는 말
춥지!
싱겁게 던지고 가버린 밤
나는 여러 가지 위로의 말을
찾아보지만 어렵게 살아온 지난 일뿐
남에게 베푼 적 없어
후회하고 반성하고
세월이 만든 매듭
밤 새워 풀어도 그냥 그 자리
달력은 입춘을 알리고
소나무 그림자 창문 두드려
내 꿈 깨우네

달은 밝은데

귀뚜라미 우는 소리
잠시 멈추니
행여 나 찾는
누구 있나 귀 기울여본다
소식 없는 사람 궁금할 땐
달빛도 친구
되어 나를 찾는데
지나온 긴 시간
공허하기만 하고
한가위 달 밝기만 한데
어찌 이리 답답할까
추석 다가오면
가신 부모님보다
자식 걱정 앞서니
아직도 나는 못난 놈이로다

가을 태우며

타오르는 연기
맡아 보려무나
하얀 연기 하늘로 오르는
연산홍의 향기
돌단풍 쌉쌀한 향기
아쉬워하는 여인의 마음
발갛게 얼굴 붉히며
하늘 쳐다보고
다음을 약속하는
꿈 아름다워
못 다한 이야기 겨울 지나
봄에 하자 합니다

낙엽

뜨거운 여름에도
지칠 줄 모르고
잘 자란 너희들 태양 빛
묻어 있는 푸르고 푸른
순결한 너희들
언제나 잊을 수 없어
서로 기대고 정 나누었지
시간 흘러 가을 오니
외로움 밀려 와
이제 떠나려합니다
옛정 내려놓고
바람 따라 갑니다

10월 달

10월 풍요로워
어디든 가을이 기다리고
산과 들 하늘에도
단풍으로 물드니
낙엽 떨어지는 달그림자 본다
속삭이는 풀벌레
제 멋에 흥겨워 울어대니
10월이 있어 즐거워
다만 외로움 타는
나에겐 혼자가 되어
떠나고 싶으니
보헤미안 따로 있나
호수 위 은행잎 가을바람
친구 되어 노닐고
걸어가는 발자국 마다
가을 노래 들린다
10월은 큰달, 빨리 지나는달
보내고 나면 후회 되는 달
다시 보고픈 달

사랑하면

나이 들어 일할 수 있다는 것은
힘든 것 보다 나를 뒤돌아 볼 수 있는
계기가 될 수 있어 좋습니다

할 일 없으면 고민과 걱정뿐,
그러나 움직인다는 것은 건강에 좋고
건강하면 언제나 활기찬 기운을
가질 수 있어 좋습니다

웃을 수 있고 행복도 있고
친구를 만나도 자신감이 있어
술 한 잔 사도 떳떳한 게 기분이 좋습니다

가을 밤

흐린 날 밤 자정 강물도
자는 듯 조용히 흐르고
하늘은 어둠을
던져놓고 어디 갔는지
혼자 지키고 있습니다
11월 밤이면 추수도 끝나고
넉넉해 노래 한가락 있으련만
이렇게 죽은 듯 모두 잠들어
있으니 시골 마을
변해도 너무 변했구요
벌레 소리 없는 밤 낭만도 없고
바람조차 다 빠져나간 빈 공간
외로움 하나 뿐 빗소리 들리네요
창문 열어 보니 그리움 한가득
조용히 가슴안고
이렇게 밤은 지나고 있습니다

내가 살아온 가을

나는 하늘을 쳐다본다
푸른 하늘 얼마나 높은가
흰 구름 바람 따라 가고
보이는 것은 얼룩진 인생
자식과 마누라 함께
열심히 살았소
슬픈 날 웃는 날
서로 비비고
견디노라 힘 빠졌지
노란 은행잎 한번에
쏟아져 내리면 슬퍼했고
이제 나이 들어
추억 끄집어내지만
그리움도 없어
비 오는 가을밤
잊어버린 내 마음

쓸쓸하다

가로등

언제나 하나만 생각하고
가고자하는 나를 위해 용기를 주네
비가 오나 눈이오나
어떤 날 태풍이 몰아쳐
가고자하는 길을
잃을지 모를 것 같아도
시작 같은 길을 열어
주는 가로등
옛날엔 희미한 빛
자기 발만 바라보고
외로웠지
지금은 맑고 깨끗한
환한 빛 LED등
여기 저기 풀 한포기
피할 수 있어
나의길 잘도 인도해준다

후회

산 같은 무거움 뒤돌아보면
언제나 앞에 가고 있다
걷고 달려가면 항상 제자리
혼자 열심히 사랑하면
좋은 일도 많아
좋은날 궂은날 있듯이
슬픈 자유도 감싸는 사랑
잊으려 애쓰는 몸부림
가슴이 아파 모두 좋으리라
믿고 바라는 내 마음
사랑도 가고 나도 가야 하나
언제나 따뜻한 손길
감싸 안으며 속으로 운다
이대로 보낼 수 없어
정말 좋아 했는데

사랑하라

나는 좋아 한다고 했지
사랑 한다는 말은 하지 않았다
어느 날 나는 좋아하는 사람을 만났다
물론 나는 좋아 한다
고백하고 그님을 만났다
임은 나를 사랑한다고
나는 임은 좋아한다고
임은 자꾸 사랑으로 바꿔 보라한다
임은 수도 없이 사랑한다 말하네
이제 좋아 한다는 말
그만 하고 사랑해 하라한다
이상하다 부드럽고 감미롭다
한번 두 번 사랑이 마음 흔들고 깊은 정 흐르네
내 가슴에 사랑이 있었다니
이제 나는 임에게 사랑을 배웠다
사랑이 뭔지 남겨주고
강의를 마치고 강사처럼 떠나려한다
나는 사랑을 가르쳐준 임을 보낼 수 없다
그님 많이 사랑하니까

잠 못 이루는 밤

별이 너무 많아 한 눈으로 볼 수 없어
동쪽에서 서쪽으로 한참을 봐도 끝이 없어
서로 반짝이는 소리 들리듯 시끄러운데
밤에만 울어 보채는 벌레들 합창 소리
옛 이야기 묻어나는 동네 총각들 발자국
닭서리 달빛 쫓아가고 밤은 살아 움직이는 천국
화려한 밤은 그렇게 요란했다
좋은 밤 나쁜 밤 부자 밤 가난한밤
밤새도록 싸움만 하는 밤도 많더라
밤도 지쳤다 별은 샛별 하나
달은 외로이 홀로 샛별만
쳐다보고 가버리고
벌레들도 어디론가 사라진 밤
가을의 소리 귀뚜라미도 없다
아주 캄캄한 밤 멍멍개도 짖을 이유 없어
밤은 이렇게 가고 밤이 없으니 잠을 잘 수 없구나
세월은 이렇게 이상하게 변하고 있다네

만남

서운해 마세요
그냥 잠시
보내는 마음
이별이라
할 수 없지요
사랑은 믿음으로
묶여 있으니
내일은 설레는 마음
또 당신을 기다립니다

사랑하면

사랑이 시작 되었을 때
사랑해도 될까
시간이 지날수록
사랑은 점점 다가와
꿈처럼 되었어요
그러나
사랑은 쉬운 게 아니에요
한 송이 꽃도
햇빛 따라 마중 가고
비바람도 지나고
사랑의 강을 뛰어
넘으려 하지마세요
마음이 흐르는 대로
사랑 하세요
헤어져 아픔이 온다 해도
기다리고 기다리세요

마지막 가을

찬바람 몰아쳐
가을이 휘날리네
여기 저기 달려와
가을 냄새 있지만
걸어가는 발걸음에
가을이 밟히고
이제 이별과
그리움만 남았네

나뭇잎

밤과 낮 구별 없이 살았읍니다
봄부터 햇빛만 바라고
푸르게 정만 나누었읍니다
비바람 태풍도 어쩌지 못했읍니다
세월의 시간은 어느덧 가을
어디론가 떠나고
싶은 순간이 찾아 왔읍니다
그렇게 왔다 그렇게 가는데
친구들 슬퍼 말아요
따뜻한 봄이면
만날 수 있을까 기다립니다

늙으면

할머니는 귀신을 이긴다
나를 누가 잡아 간다고
세상에 도독 놈도
나는 무섭지 않다
다 내다 버렸으니
속이 텅 비어
바람이 제일 무서워
감싸줄 정 하나 그리워

그 사람

화롯불 피우며
불꽃같은 마음
엄마 보고 싶어
살짝 한숨
짓기도 할 걸
오빠 친구 심부름 하며
짝 사랑하고 멋 부리고
아파했을런지도 몰라
나이 들어 지금은
꽃과 함께 살아간다
바보처럼
그때 그 시절
행복하고 싶은 그 사람

안타까움

하루 지나고
밤이 오면 또 혼자라는
쓸쓸함에 잠 못 이루고
달빛 별빛 바라보며
술잔에 푸념도 하고
눈 녹으면 매화꽃 보러
여행 떠날까요
말리지 말아요
임 보러 가는 데
동장군이 가로 막을 순
없지 않나요
꾹꾹 눌러 참으며
눈길 녹기 바라는
마음 뉘 알까요

소주 한잔

외로움에 술 한 잔
지난 시간 불러 보니
외로움 더하고
홀로 이기려 애써도
떠오르는 지난 이야기
그저 바라만 봐도 좋으니
웃는 모습 돌아와
이러다 술 깨면 허전합니다
잊으세요, 옛일인걸!

헤어짐

서운해 마세요
믿음안고 더욱 단단함 있잖아요
그냥 잠시 보내는 마음
어찌 이별이라 할 수 있겠어요
변한다고 다 변할 수 있겠나요
내일을 준비하는 과정이라오
작은 아픔 지나는 순간
마음 짠해요
믿음으로 묶여 있으니
더 큰 설레임 찾아 갑시다

재회

창문 두드리는
소리에 밖을 보니
보름달 웃으며
나에게 말합니다
잠시 아픈 외로움은
반가움 이라고
국화꽃 시들기 전
환한 웃음으로
그대 맞으려 갑니다

동지 밤

동지 긴긴 밤 어이하라고
나 홀로 달빛만 쳐다보니
자다 깨다 몇 번인가
아직도 캄캄한 밤 어둠 안고
임 생각에 아침이 밝는 구나

제4부

겨울

회상, 생애 행복한 순간입니다

첫눈

동지 긴 밤 하고도 2시
가로등 불빛 따라 첫눈이 내린다

낮에는 코로나가 무서운가
어렵게 택한 것이 깊은 밤인가

하얀 눈은 산야에
더러움 덮으며 내린다
첫눈은 나에게 말한다

팔십 되도록 허망뿐인 너!

덮으려 하지 말고
밟고 가라고 한다

양지에 풀 자라고

추운 겨울바람 막아 주는
언덕 있어 솜털 같은 햇빛이
간간히 쉬었다
가는 양지 때도 모르고
돋아나는 파란 풀 입
지나는 사람 시선 멈춘다
내일 새벽이면 또 찾아오는
하얀 서리가 안쓰러워
그래도 햇빛 기다리는 마음 있어
참으며 지내면 따뜻한 날 온다

그리운 고향

돌아갈까 내 고향 어릴 적 뛰놀던 생각
낙숫물 흘러 멋대로 흐르는 넓은 마당
소낙비 내리면 황톳물 되어
재령강으로 흘러갑니다
가고 오도 못하니 이제는 세월 변해
고향이 어디인지 흙먼지 날려도
아름다운 들꽃이 많았습니다
아쉬움 남기고 늙음과 함께
세월만 가고 나이 팔십 지나니
고향 생각 희미해져
아버님 홀로 고향 지키시려고
얼마나 애 쓰실까요

기다리며

찬바람 속에 눈 내리고 강물은 하얗게 얼었습니다
추운 겨울은 이렇게 가고 있습니다
임은 말했어요 잘 있어요
갔다 온다고 그 말 남기고 떠났습니다
가슴에서 무언가 자꾸 빠져 나갔습니다
임과 같이 했던 추억이 새로워집니다
허기 졌지만 배고픈 줄 모르고 추억 찾아 헤맸어요
아무리 찾아도 주워 담을 수가 없습니다
가벼운듯하지만 너무 무거웠어요
임과 함께는 쉬운데 혼자는 힘들어 찾을 수 없습니다
사랑은 혼자 너무 외로워
그래서 떠난 임이 자꾸 그리웠습니다
밤이면 꼭 찾아와
이것저것 흐트려놓고 아프게 합니다
사랑이 남긴 눈물 때문에 참을 수 없어요
열흘 자나니 꿈마저 어수선해 지고
헤어짐이란 아픔 슬픔 고통을 가져오고
후회하고 있습니다, 있을 때 더 사랑 할 것을
꽃다발 한 아름 안고 돌아올 임을 기다리고 있습니다

외로움

그녀는 혼자랍니다
십년 세월 하늘 구름 보고
텃밭에 꽃만 심고
흐트러지는 마음 달래며
책갈피에 아픔 담았습니다
장미꽃 한창 피고 지고
수국은 수줍게 가을 보내고
겨울 외로움 화덕 불보며 이겨냅니다
멀리 떠난 그리움
밀려오는 혼자라는 말
아무것도 위로가 되지 않네요
벗은 이야기 합니다
책갈피마다 쌓인 아픔
하나하나 읽어가며
시린 가슴 털어 냅니다

입동

은행나무 잎들이
노랗게 떨어지고
2백년 있어야 온다는
일식이 지난밤
가로등만 덩그러니
풀벌레도 없고
어둠과 침묵 뿐
겨울의 문을 열기가
두려운 모양이군
찬바람 가을 밀어 내고
쓸쓸한 달빛
옷깃 여미게 한다

겨울 준비

나무를 자르고 쪼개고
손바닥 붉게 물들고
얼굴엔 땀방울 한가득
그래도 나는 오랜만에
즐거움을 느끼고 있다
누구를 위해
일을 한다는 것은
고마운 마음
웃는 모습 하나에
잊을 수 있다
정 으로 웃는 모습
아픔도 멀리 바람 따라 간다

겨울 풍경

하얀 눈 하늘가득
산에도 멋진 풍경
소나무 요즘 따라
멋지게 으스대고
제 잘난
저 모습 보면
벚나무
토
라
지
네

겨울 달밤

기나긴 밤
너무 외로워
밖을 쳐다보니
높이 떠있는
저 달은 나보다
더 외롭구나
시끄럽던 세상 이야기
어디 숨었나
긴 밤 마음만
이리 저리 헤매다
돌아와 누워도
따뜻한 임은 어디가고
달빛만 남아 있구나

편지

요란한 지난밤 잘 견뎌냈네요
무서운 밤이었어요
태풍도 그렇게 세지 않았을 거에요
창문을 두드리는 것이 아니라
파도가 부딪쳐 울부짖는 모습 나를
송두리째 가둬 버렸을 정도 참으로 겁이 났습니다
그러나 나보다 무서움 많이 타는
당신 모습이 자꾸 떠올 라 어떻게 하고
있을까 걱정뿐이었소
당신도 알고 있었구려
나는 그 시간에 제발 잠이나
자고 있으면 좋겠다고 생각했습니다
그런데 알고 있었다니 그 천둥번개
이겨 내느라 얼마나 마음고생 심했을까 생각하니
마음이 울컥 합니다 다행히 아무 일 없이
잘 지나갔다고 아침인사 해주니
십년 체증 사라진 것 같소
고마워요, 사랑해요, 보고 싶습니다

불청객

비 맞고 다니지 말아요
감기는 항상 기회만 엿보고 있습니다
날씨 좋다 하지 말아요
틈만 있으면 같이 가자
하는 게 감기랍니다
한번 들어오면 나갈 줄 모르고
같이 살자 합니다
욕 한번 제대로 먹어야
꿈틀 대는 질긴 놈이
바로 감기지요
병원 가서 의사가 뭐라 해야
그제사 맘 고쳐먹고
사라지는 놈이 감기랍니다
몸 튼튼하다 웃지 마시고
빈틈 보이지 마시기 바랍니다

어머니 마음

하늘엔 흰 구름 다정도 해라
들엔 벼들이 따가운
햇살에 고개 숙이고
어머니 마음 흐뭇해라
여름 내내 장마에 시달리고도
잘 자라준 너희들 있어
얼마나 고마운지
아들딸에게 줄
참깨 들깨 고추 가을 이야기
추석명절 기다린다

설중 매화

당신을 얼마나 기다렸는지 모를 겁니다

일 년 전부터 밤 세울 때도 있었습니다

겨울 되면 더욱 보고 싶어
긴 밤 이불자락 끌어안고
창문소리 귀 기울여봅니다

눈 오는 이월이면
그대 맞을 생각에 설레는 마음

고고한 향기는
입맞춤 하는 임에게만 주세요

이제 우리는 만날 수 있겠지요

눈 오는 날 만나면 더 좋겠지요

세월 가고

항상 좋은 일만 있을 수 있나
외로움도 있지
하지만 또 지나가고
가을 하늘 높으면
찬바람 불고 낙엽 지고
하얀 눈 골목에
겨울 이야기 뿌릴 때
예상치 못한 그리움
다가오면 호소한다
사랑도 기쁨도 와 달라고

꿈속의 사랑

사랑은 참 좋은 거야
마음을 즐겁게도 하고
슬프게도 하고
어떤 때는 외롭게도 하지
지금 내가 그래
보고 싶을 때 정말 쓸쓸해져
그게 사랑때문이지
나이 들면 더해
잊어버리지 말고
하나씩 꺼내 보며 사랑하자
파랗게 푸르게 하늘처럼
조용한 연못 속에
나 만에 꿈 사랑 만들자

그리움은 파도처럼

그리움은 파도처럼 밀려와
지난 시간들 한 토막 추억을 만들고
오늘 하루도 지나고 있습니다

사랑은 내 마음을 꿈속으로 같이 갑니다

내일도 사랑은
우리 옆에 함께 합니다

매화는 언제나 꽃 피울
따뜻한 한줌의 빛을 기다리고 있습니다

사랑의 소리

탱글탱글 굴러가는 소리
맑고 깨끗한 시냇물 소리 같아
들어도 들어도 지루하지 않아
착 달라붙는 소리 미소만 짖는다
창문열고 소리 들어본다
내 사랑 어디에 탱글탱글
소리 들리네, 자정에

여보 당신

눈 감아도 보이는 사람
귀하고 멋진 당신 있어
나는 행복합니다

그 사람 바로 당신
내가 아는 여보 당신
항상 옆에 따라다니며
여보 당신 둘도 없는
사랑 하나에 목 메인 여보 당신
사랑합니다
당신

밤 지나고

강물은 안개 피어오르고
말없이 흘러갑니다
별진 자리 푸른 산 우뚝
숲속 마다 새들의 노래
아침은 여는 사람
트랙터 시동 소리 봄을 알리고
나는 강 따라 산책하니
이슬 맺힌 숲속에서
비둘기 한 쌍 푸드득 아침을 엽니다
맑은 하루 사랑 움트는 시간
어디서 님 부르는
소리 있어 어쩔 줄 몰라 합니다

밤 이야기

참 조용한 밤이다
옛날엔 시끄러웠는데
밤 새워 공부도 하고
어른은 길쌈도 하고
개 짖는 소리
여기서 멍 저기서 멍멍
마을 총각 막걸리 한잔
외로움 달래고
정 많은 시골 밤
지금은 텅빈 공간
가을바람에 낙엽 날리고
가로등 시골길 밝아 졌는데
달그림자 뿐
벌레 우는소리 없고
이명 소리만 들리네

백로 겨울나기

겨울 찬바람
물결 흔들려
물고기 멋대로 놀아도
잡을 수 없네
고개 숙인 저 모양
하얀 코트 입은 것 같아
사람이나 짐승이나 움츠리기는 똑 같아
백로 떼 지어
겨울 나는 저 모습
따
뜻
한
햇
빛
한줌 그립네

어머니 손

어머니 손은 언제나 따뜻하다
매운 파 마늘 다듬으며
눈물 참고 막둥이 생각에
허리 아픈 줄 모르고
무 썰고 배추 절이고
바쁘게 움직이는 손
갈라지고 아리고 거칠어져도
버무리고 또 뒤집고 또 버무린다
흘러내린 머리칼
손등으로 올리며 아주 심각하다
맛을 보며 얼굴에 잔잔한 미소
어머니의 진한 모습
배추 한 포기 한 포기
감싸는 손 매워도 따뜻하다

자갈

자갈자갈 하며 살아간다
여름비에 신이 나서
더욱 떠들어 대면서 여행을 한다
고기 물 만나 좋아하듯
자갈 물 만나 좋아 한다
고향 없는 물처럼 자갈도 물 따라 간다
여기 저기 부딪치며 싸우다 상처 나면
제살 깎아 치료하고
피라미 고동이 위로 하면 상처 잊지요
가뭄과 기후 변화에 물이 마르고
발가벗겨진 맨 돌에 그림자도 없네
뜨거운 태양 인정도 없어
갈 곳 없는 자갈 밤이 오길 기다리고
머지않아 찾아올 장마에
모든 설음 잊고자하네

꿩은 어디에

어느 날 아침 뒤뜰에서 꿩이 푸드득 나른다
잘 생긴 수놈이다
화려한 깃털 붉은색 꼬리 흔들며
뒷산으로 얕게 나르고
아침 햇살 빈자리 채우니 아쉬움만 남고
그림으로 보던 꿩이 우리 집에 오다니
매일 오너라 콩 한말 뿌려주마
잊혀 질 때마다 오던 꿩
어쩌다 야산에서 우는 소리
점점 멀어지고 야산이나 들에 있어야할 꿩
요즈음 보이지 않네
깊은 산으로 갔나 올무에 날개 다쳤나
비료 농약에 지친 네 모습
어찌 너 뿐이랴 꿩! 꿩!
구슬픈 소리 어디가고 잡초만 무성하네

세월이

세월이는 가장 가까운 친구다 넘어져 아프다 하면 먼저 와서 쓰담고 안고 일으켜 세우는 세월이 귀찮기도 하지만 나를 믿게 해주는 용기 있는 친구 내가 앞서 가면 손짓하며 느긋하게 웃기만 한다 와서 하는 말 앞서 간다고 좋은 일 없지 세월이는 신기하게도 내가 하는 일을 훤히 알고 있다 나는 세월이가 점점 두려워 졌다 깊은 산속 암자에 세월이를 떼어놓고 유유히 와 버렸다 나는 홀가분한 마음으로 여행도 하고 아름다운 여자와 사랑도 했다 때로는 술도 마시고 외도도 하고 멋지게 살았지 어느 날 갑자기 남루하고 피곤해지친 모습으로 세월이 찾아와서 더 이상 참을 수 없다며 옛날이 그립다 말 합니다 그래 세월이는 영원한 친구이니까 그사이 많이도 변했구나 나는 파란색 보라색 나팔꽃을 좋아 하는데 세월이는 노란색 붉은색 특히 단풍나무를 좋아하니 자주 티격태격 푸른 하늘 흰 구름 쳐다보며 세월이는 붉게 물든 저녁노을 아름답다합니다 그래 오늘은 달도 밝은데 세월이 와 술 한 잔 해볼까

사랑 2

사랑 한다는 말 한마디
무게로 따지면
저울로 달수 없답니다

그러나 마음으로
달면 당신은 가슴으로 느낍니다

천 만 근 이라도
나는 품을 수 있다오

바다 같은 가슴으로
안아 줄게 이리로 오세요

밥 푸는 여자

밖에는 겨울바람 쌩하고 지나고
이쁜 아가씨 찰밥 다됐다는 소리
귀엽기도 해라 뚜껑 여니 너도 나도
뜨거움 참지 못하고
튀어 나오는 요란한 김
밥 냄새가 어머니 생각나게 합니다
화야 밥 먹자 다정한 목소리
나를 울컥하게 하네요
이 추운 날 편히 잘 주무시는지
어머니 생각에 밥 푸는 것 잊었네요

정지고개

정지고개 넘으며 눈발이 날린다
이 길은 벌써 익숙해져 자주 넘다 보니
고개가 아닌 언덕이 되었다
길 옆 소나무 벚나무도
나를 알아보고 인사를 한다
오다가다 만난 소낙비도 여러 번 있었지
눈보라 만나 이야기 하는 바람에
아주 천천히 넘은 적도 있지
다만 못난 것 하나 있으니
휘영청 밝은 보름달이다
고개 넘으면 매화나무 가로수 나를 반기고
올 때는 추억 한보따리 가지고
정지고개 넘는 나는 행복하다

세월 가고

가슴 한 모퉁이 조금씩 깨지면
아픈 줄 모르고
세월과 시간이 찾아들어
공간을 메꾸면
그 또한 아픈 줄 모르고
거울에 비친 내 모습 어딘가 허전해
웃지 못하는 아픔
오늘 하루 지나는 동안
나는 그저 하늘만 바라보고
서산에 지는 해는
말없이 하루를 가지고 간다네

눈 오는 날

눈보라 지난 후 햇빛이 나고
또 어두워지면서 함박눈 쏟아지고
날더러 어디에 장단 맞추라는 것인지
에라 모르겠다 잠이나 자야겠다
그런데 잠은 안 오고 카톡을 열어보니
반가운 사람 너무 기쁜 나머지
가슴마저 두근두근 하얀 눈으로 덮여있는
설경 사진 설레는 마음 멋진 모습에
황홀해하는 그님 생각하며
나도 따라 행복해한다

아프면 어머니가 보고 싶다

아프면 보이는 어머니 가신지 벌써 사십년 꿈에도 나타나실까 몸단장하고 기다리는 어머니 살아생전 속만 썩이던 막내 훌쩍 큰 게 아니라 팔순이 지났습니다 어머니 말씀대로 건강하게 여기 까지 왔습니다 어머니는 약손이라 하시며 머리 아파도 배 쓸어 주시고 넘어져 상처 나도 배 만져 주던 그리운 어머니 그 까짓 몸살감기야 지나는 바람 이지요 그래도 누워 있으니 자꾸 생각나는 어머니 막내야 세월 이기는 장사없느니라 하십니다 어머니 가신 그날 아까시아 향기 짙은 따뜻한 날이었지요 이제 며칠 안 남았습니다 해마다 잊지 않고 찾아 인사 드렸지요 어머니 이번에는 증조할아버지 되어 찾아뵙게 되었으니 어머니 기다려 주세요 어머니 내 불쌍한 어머니!

겨울밤

그런 밤이 있었지요
지난 밤 긴긴밤 깨어보니
아직도 밤이었지요
지난날 생각하니
아쉬움 후회하고
어머님 잘 계시온지
인자한 모습 그립게 떠오릅니다

카톡

급하지 않지만
보내고 싶은 조급함
카톡 소리에 미워할까봐
마음 졸이며
행여 잠에서 깰까봐
살짝 누르고
귀 기울여본다
살짝 한다고
소리 조용 할까
바보 같은 생각
밤은
깊
어
간
다

〈맺음의 글〉

대답 없이 흐르는 물을 보며 생의 근본을 사유해봅니다

김 인 남

  행복은 어디에서 왔을까요. 지난겨울 마음 흔들어 한바가지 소망을 주며 메아리 즐거운 소리 내어 어서 일어나 그 마음 받으라네요. 주고받는 마음으로 얼굴들 환하니 근심 하나둘 사라지고 아침 해 밝아 오면 사랑도 따라와 매화꽃 피우지요. 사랑하면 행복해요. 사랑하는 사람 있나요.

  진정 편안함을 느끼는 사람 있나요. 진실한 마음을 말해 보게요. 모두가 사랑이라고 말할 수 있는 지금이 중요해요. 행복은 다음이 없어요. 사랑하세요.

  보름달 뜬 밤하늘을 보았지요. 창문 두드리는 소리에 밖을 보니 환한 보름달이 창에 다가와 웃으며 내게 말합니다. 잠시 아픈 외로움은 반가움이라고 국화꽃 시들기 전 환한 웃음으로 임 만나러 가자합니다.

우리는 꿈을 꾸지요. 잠 속에 뉘 부르는 소리 있어 문 밖에 웃고 있는 옛님 와락 안아 보니 보고픈 마음 허공으로 흩어지고 닭 우는 소리 나를 깨우네요.

즐거운 아침, 산 그림자 물 찾아와 놀자 하는데 물은 대답 없이 흐르고 강가 꽃 한 송이 기다리는 이 누구일까요. 바람은 말없이 달맞이꽃 흔들어 깨우고 아침 햇빛 물안개 걷어 내며 물새 한 마리 빠르게 물결 따라 나르니 아침 강가 여기 저기 좋은 일 많습니다.

오늘 하루도 행복한 시간 되겠네요. 저의 부족한 시와 함께 해주셔서 고맙습니다. 행복하세요

〈축하메시지〉

수레바퀴 인생 시집 상재를 축하하며...

괴산문인협회 회장 · 시인 장 현 두

　김인남 시인은 도시에서 평생 사업을 하다 자연이 좋고 물이 그리워 노년 정착지를 찾아다니다 마침내 충북 괴산 강가 마을에 자리를 잡아 시를 쓰기 시작했다.

　그의 시편에는 자연에 대한 깊이와 삶에 대한 고뇌가 배어있다. 꽃과 나무, 잡초에 까지, 새소리 물소리 바람 소리에 감격하고 별빛 달빛 석양빛에 생의 의미를 반추하면서 지역에 함께 살아가는 사람에 대한 연민과 사랑, 생에 대한 깊은 성찰을 보여주는 모습은 감동으로 다가오며 시의 품격을 한층 높여준다.

　인생 황혼녘을 바라보며 글로 자신을 표현하고 정리하여 남기려는 김 시인에게 존경과 힘찬 응원의 박수를 드린다.

〈발행인의 말〉

갈망을 꽃피우고자 감성의 흔들림을 삶의 평생도로 위에서 밝아오는 아침 연륜을 두 손으로 끌어가는 김인남 시인의『수레바퀴 인생』

서평 박 선 해

   자연에서 찾아가는 우리 삶의 짐은 끝없이 돌아가는 수레바퀴처럼 무겁고 반복되는 여정으로 극심한 중압감이 때때로 느껴질 때가 많습니다. 그러면서 우리는 순간 순간 산뜻한 의지를 찾아내며, 모두가 가고자하는 각자의 길을 걸어가고 있습니다.

   『수레바퀴 인생』김인남 시인의 시집은 그러한 삶의 여정을 담아낸 시문학 작품집입니다. 수레바퀴가 굴러가는 소리처럼, 한 편 한 편 일기처럼 써나간 이 시집의 시들은 마음 담아 읽을수록 우리 마음 속 깊은 곳에 울림을 전합니다.

   가끔씩 작은 위로의 글에 우리는 울컥한 감동을 받

지요. 이제 이 시집 속에서 여러분들의 마음에 흔들림의 이유를 찾아 공감해 보심도 좋겠어요. 뛰어나게 쓴 글이 아니어도 일상적인 하루의 남김이 편안한 표정으로 여러분을 반길 겁니다.

 이 시집은 자연의 단순한 아름다운 언어의 나열도 있지만 그 뿐이 아니라, 반복하여 읽어 볼수록 삶을 살아가는 이들의 고뇌와 기쁨, 그리고 희망을 담아낸 진솔한 기록임을 깊이 느낄 수 있습니다. 저자는 수레바퀴 인생이라는 시 한 편에서도 알 수 있듯이 수레바퀴처럼 끊임없이 굴러가는 인생 속에서도 멈추지 않는 꿈과 사랑을 이야기하며, 독자들에게 공감과 위로를 함께 하고자 선사합니다.

 『수레바퀴 인생』속의 작품을 통해 독자 여러분이 자신의 삶 속에서 새로운 빛과 의미를 발견하시기를 바랍니다. 이 시집이 여러분의 마음에 잔잔한 감동과 따뜻한 위로가 되기를 진심으로 기원합니다.

 김인남 시인의『수레바퀴 인생』시집 상재를 축하드립니다.

수레바퀴 인생

초판1쇄 발행 2025년 5월 15일

지 은 이 김인남
펴 낸 이 박선해
펴 낸 곳 도서출판 신정

주소 경상남도 김해시 우암로 8
전화 010 – 3976 – 6785
전자우편 sinjeng2069@naver.com
출판등록 김해, 사00008, 2020년 9월 22일

ISBN 979-11-92807-29-4 03810

정가 12,000원

* 이 도서는 문학 A형 충북 예술 창작 지원금으로 출판되었습니다.

* 이 책은 저작권법에 따라 보호받는 저작물이므로 무단전재와 무단복제를 금지하며, 이 책 내용의 전부 또는 일부 내용을 재사용하려면 사전에 저작권자와 도서출판 신정의 동의를 받아야 합니다.
* 저자의 의도에 따라 작품의 보조동사와 합성(=합성명사)어는 띄어쓰기나 방언에 따라 표현이 (향토어 지역어 은어 속어 기타 등) 달라질 수가 있습니다.
* 잘못된 책은 교환해 드립니다.